ANÁLISIS D[E] [P]A[R]ETO

Fecha: _____

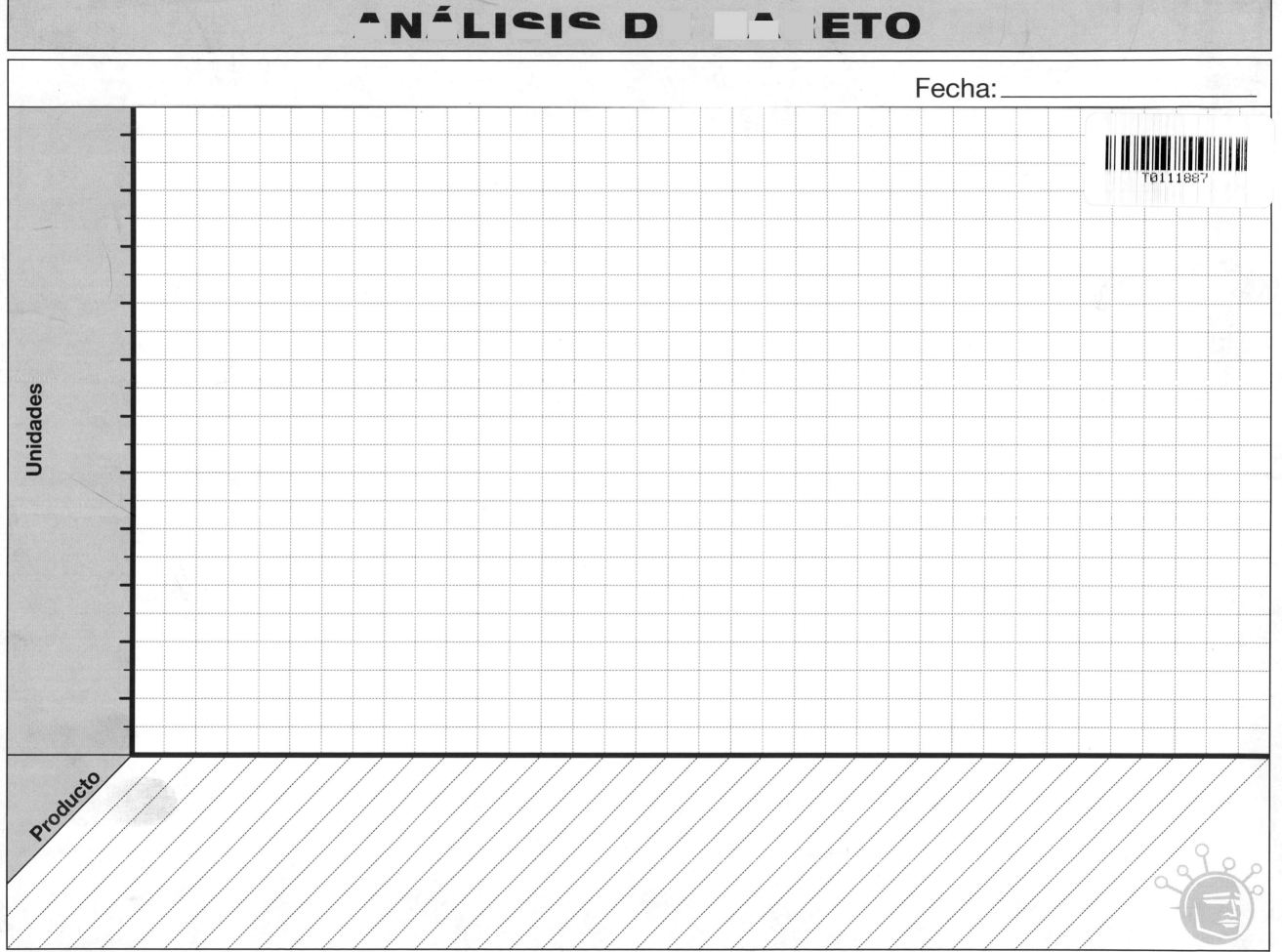

Unidades

Producto

www.enna.com
www.productivitypress.com

Fecha: _____

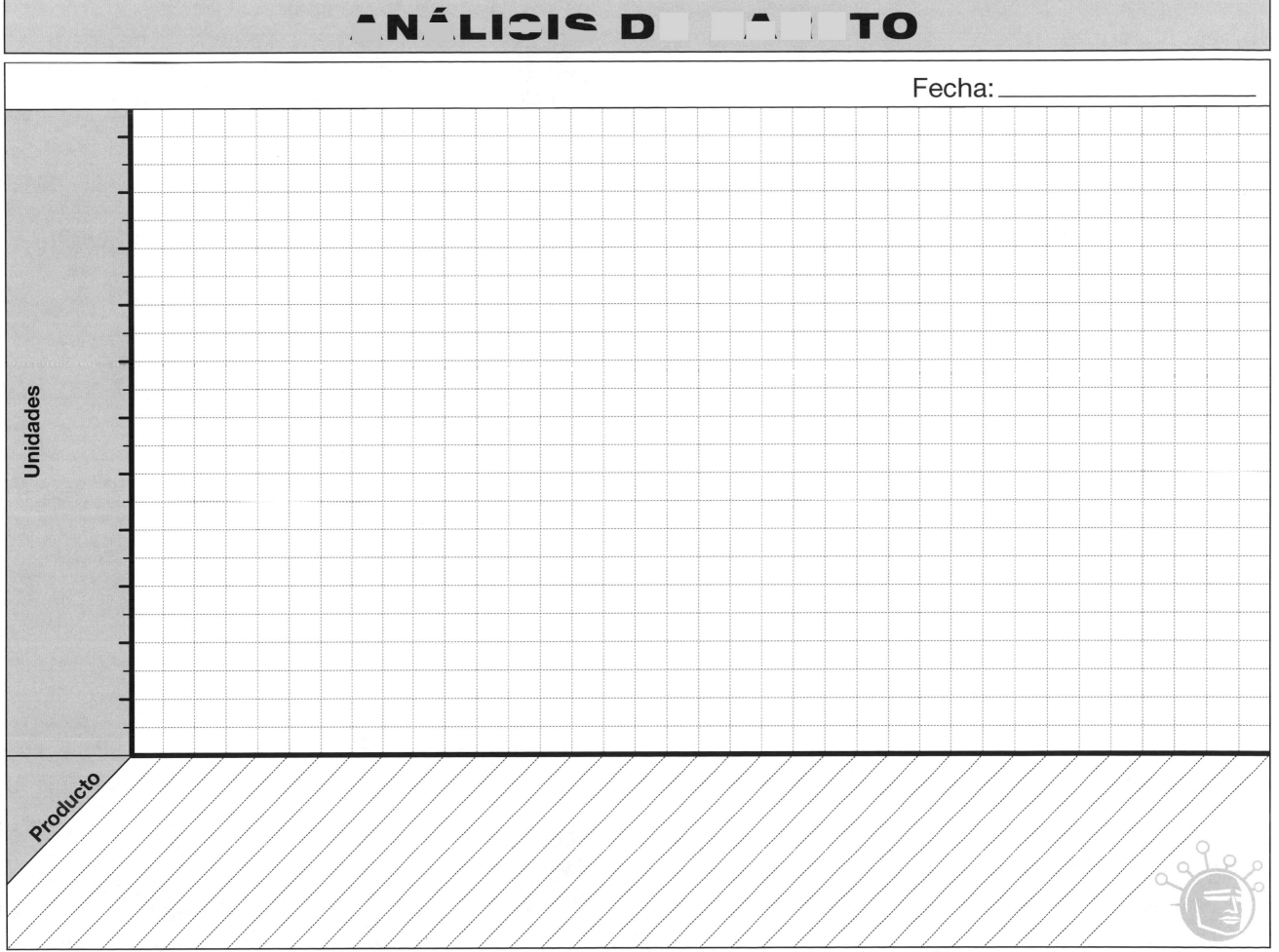

Unidades

Producto

www.enna.com
www.productivitypress.com

ANÁLISIS D[ ]A[ ] TO

Fecha:_____

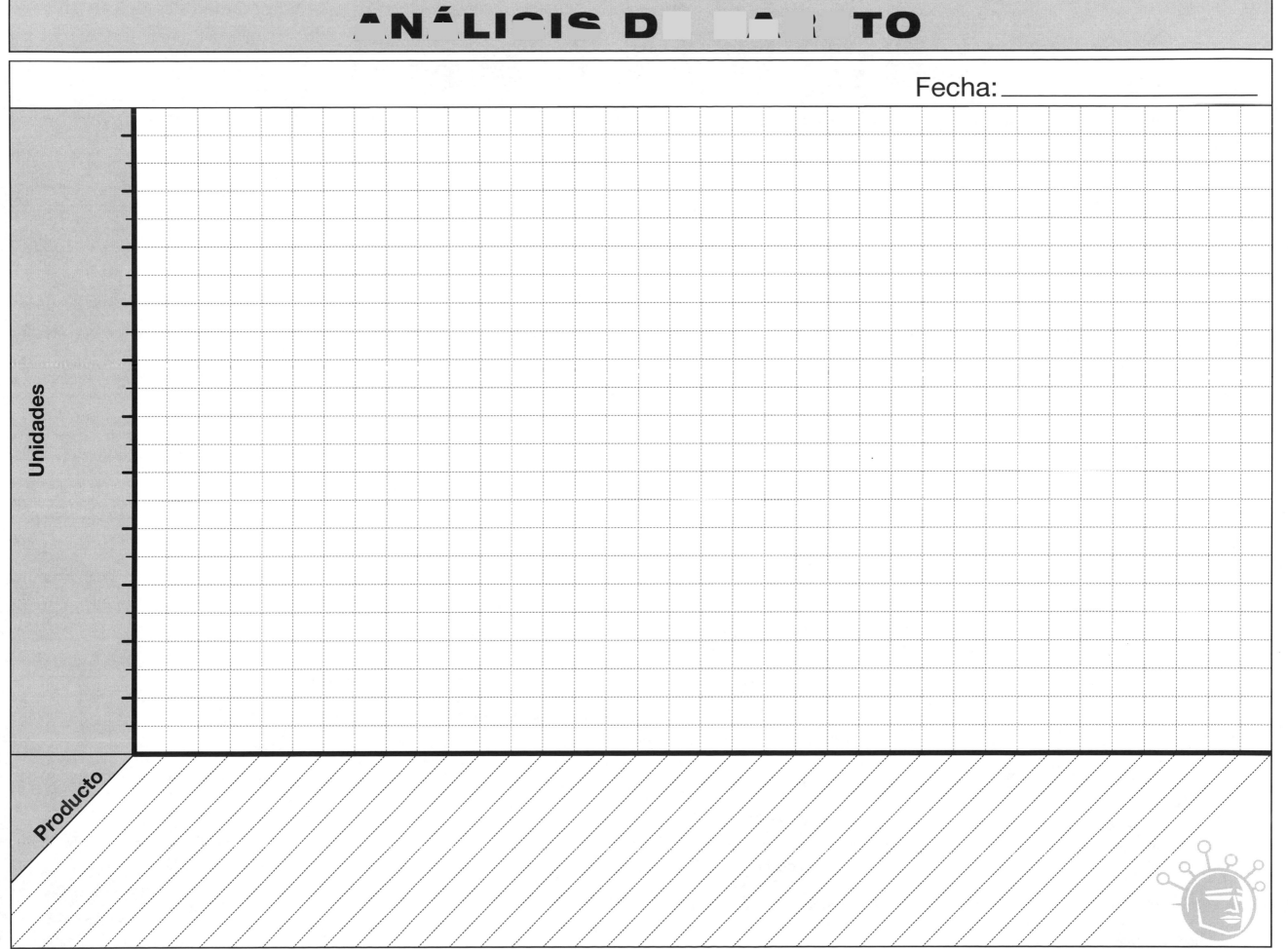

Unidades

Producto

Fecha: _____

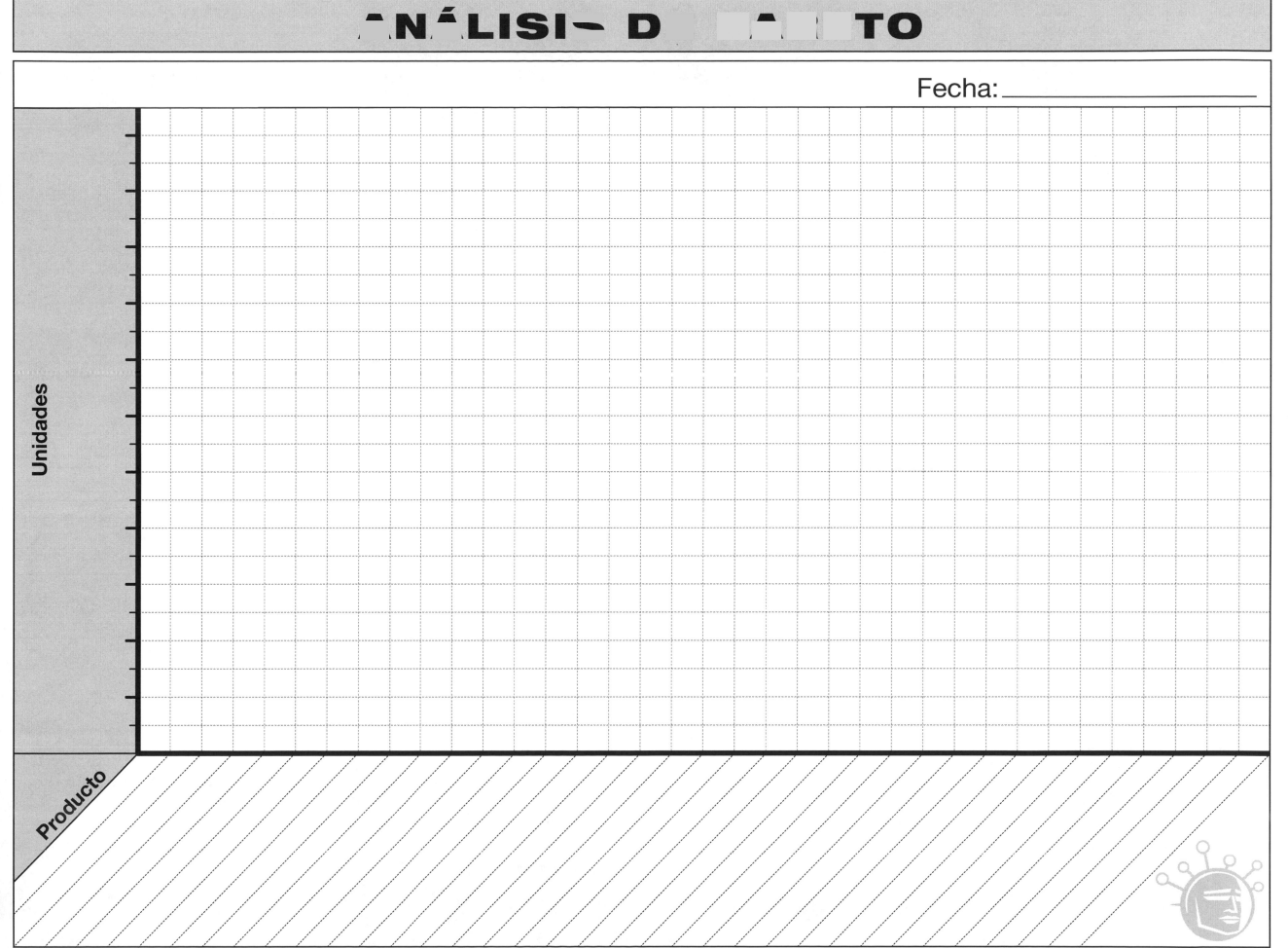

Unidades

Producto

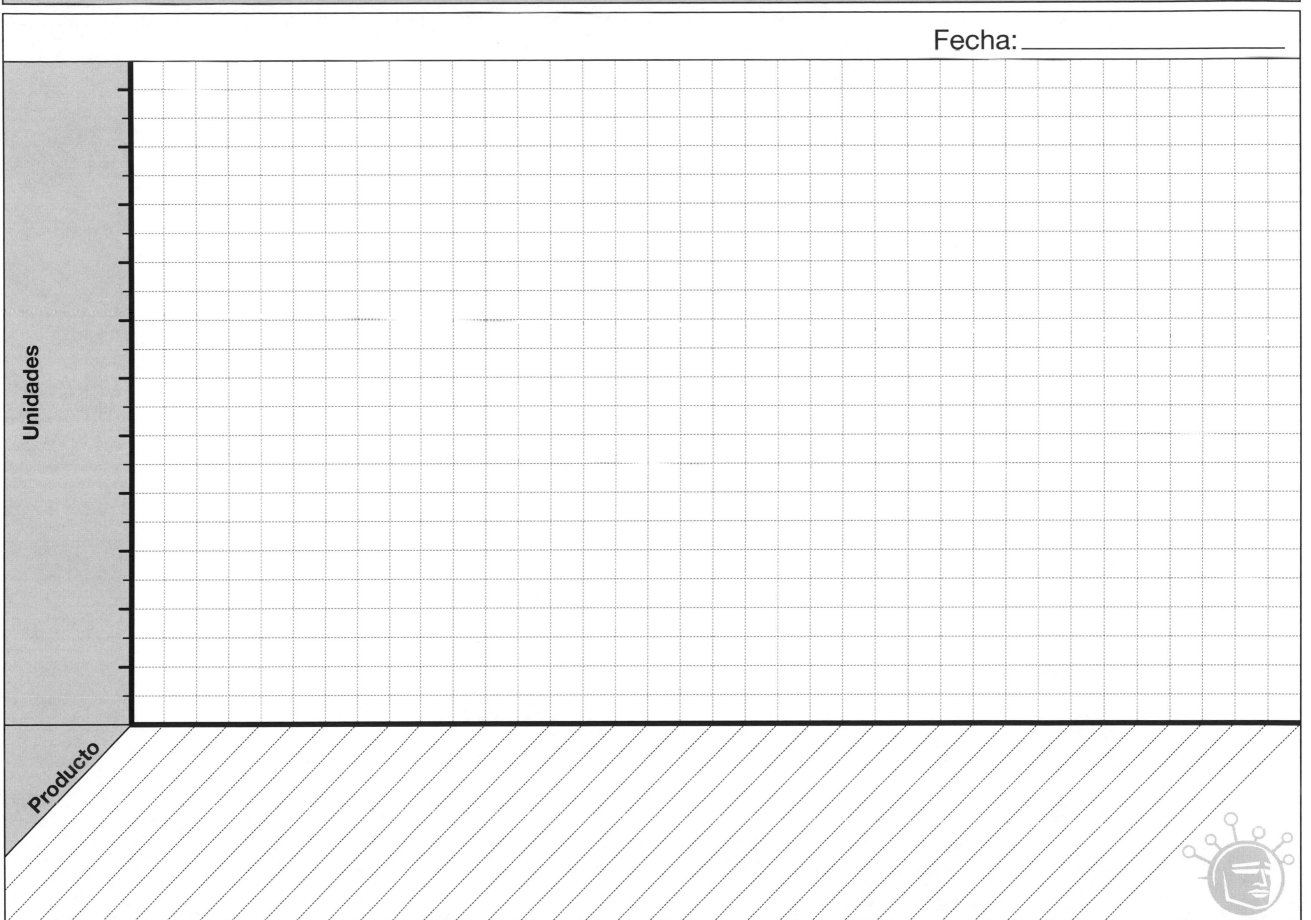

ANÁLISIS D... ...RETO

Fecha:_____

Unidades

Producto

KNOWLEDGE INTO PRACTICE

www.enna.com
www.productivitypress.com

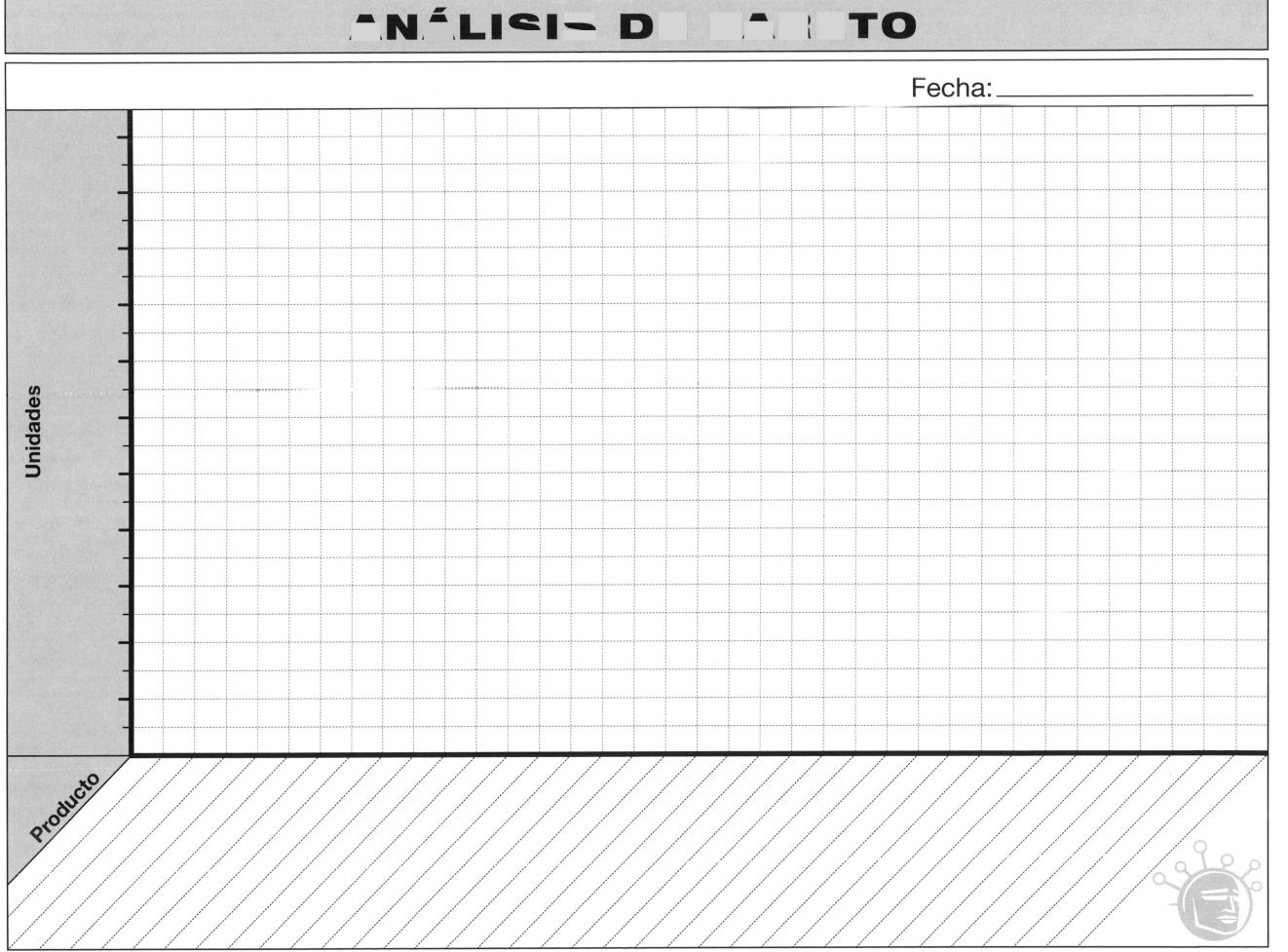

ANÁLISIS DE PARETO

Fecha:_____

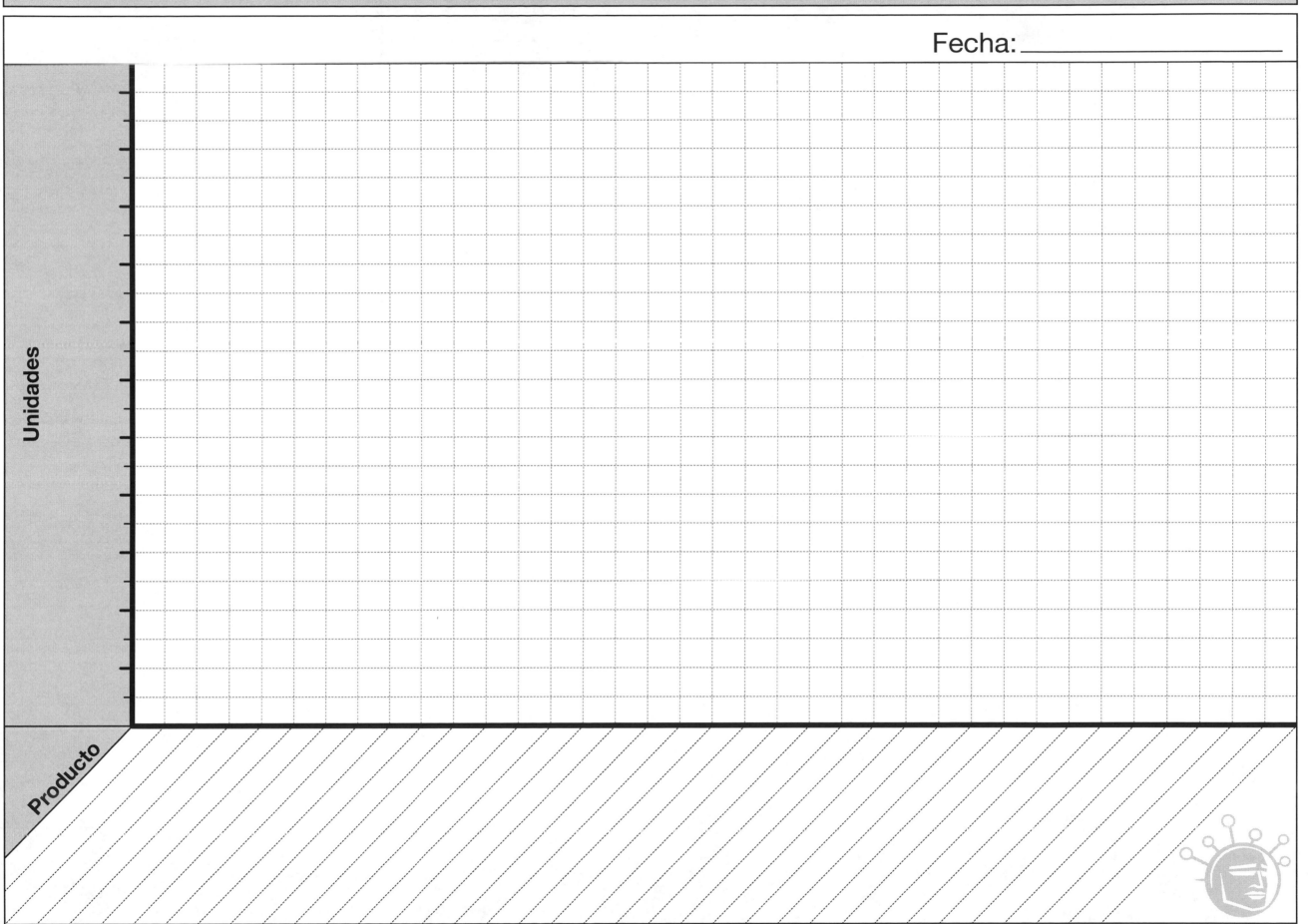

Unidades

Producto

www.enna.com
www.productivitypress.com

ANÁLISIS DE PARETO

Fecha: _____

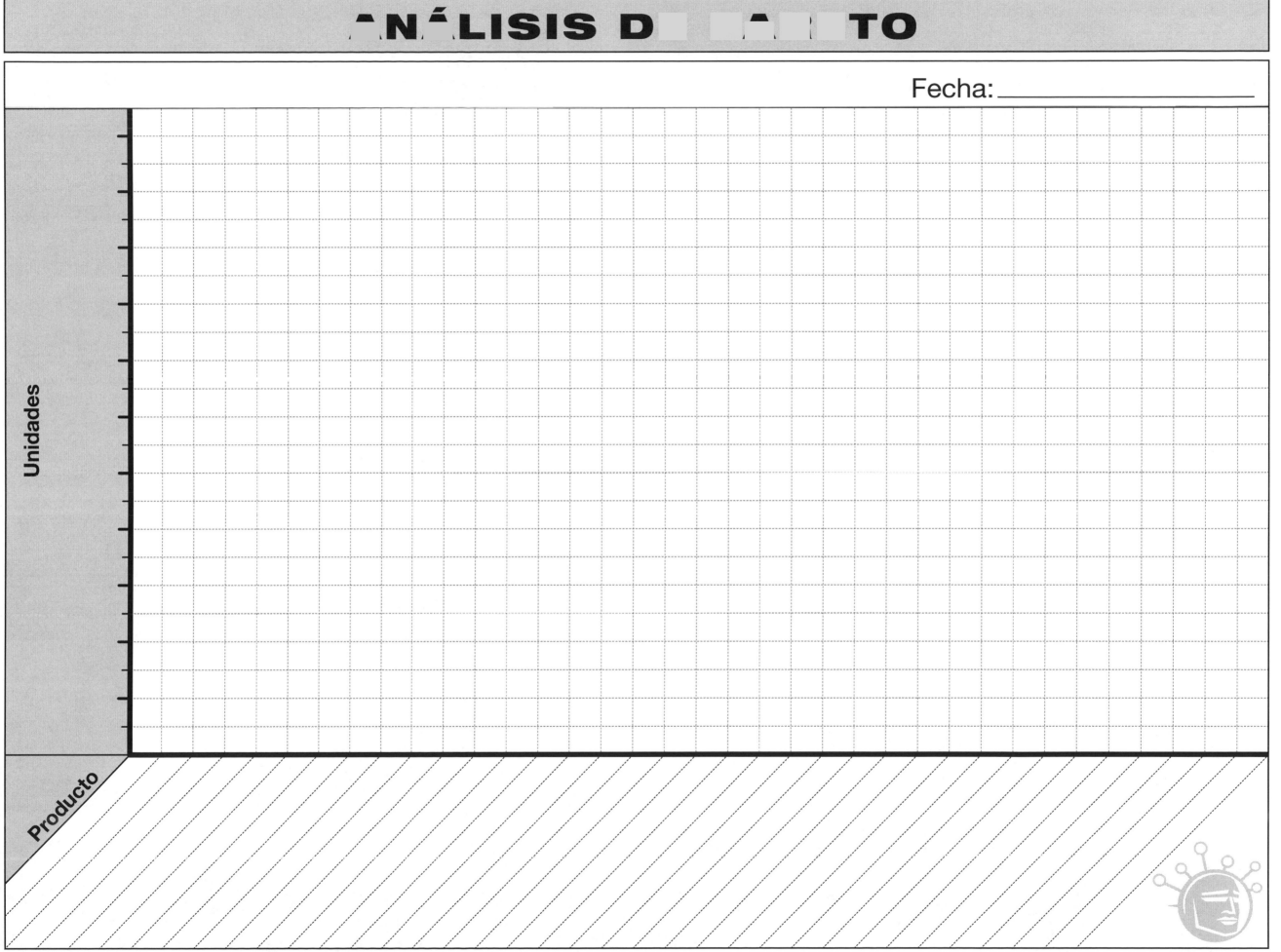

Unidades

Producto

www.enna.com
www.productivitypress.com

Fecha:_____

Unidades

Producto

Fecha:_____

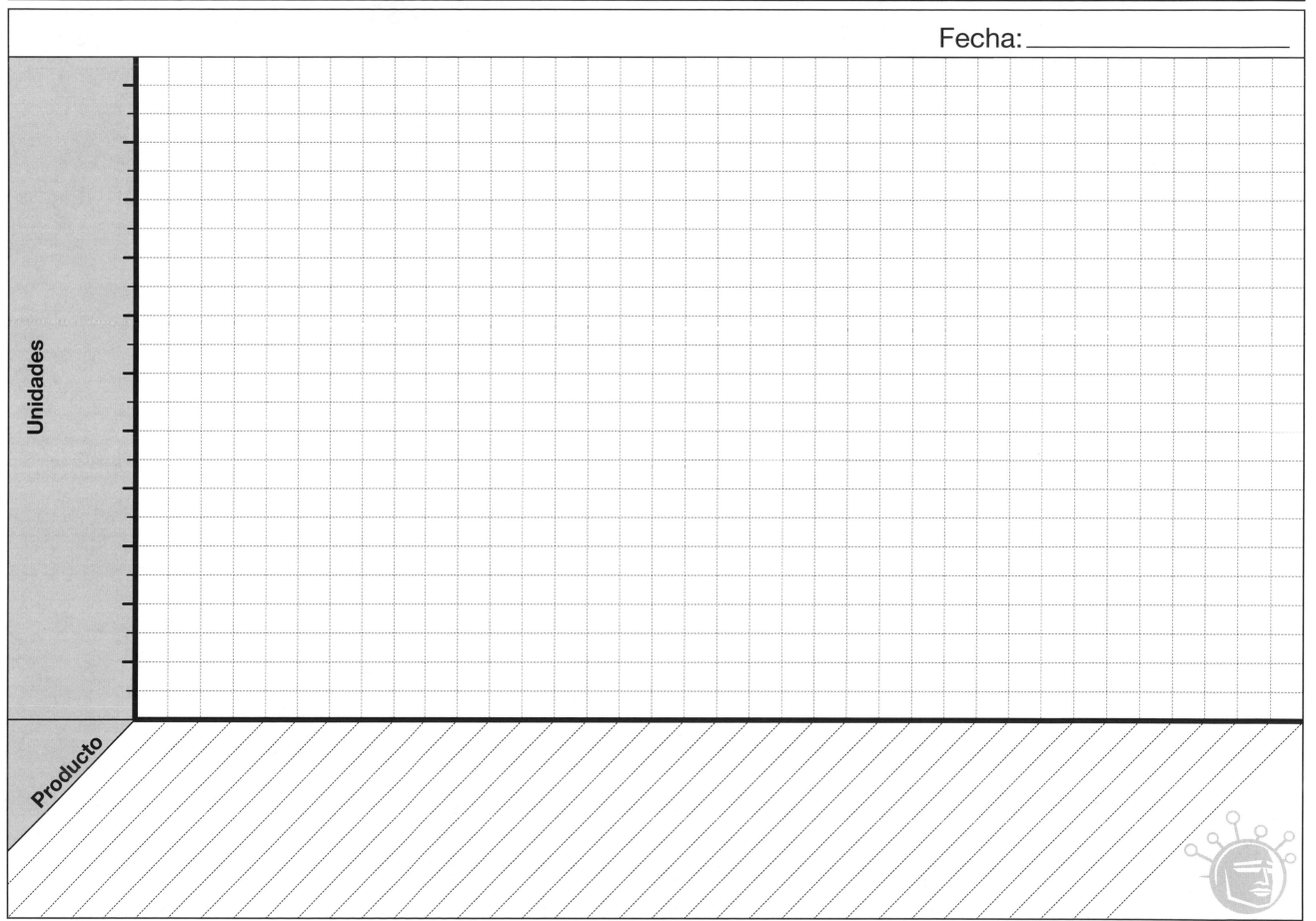

Unidades

Producto

Fecha: _____

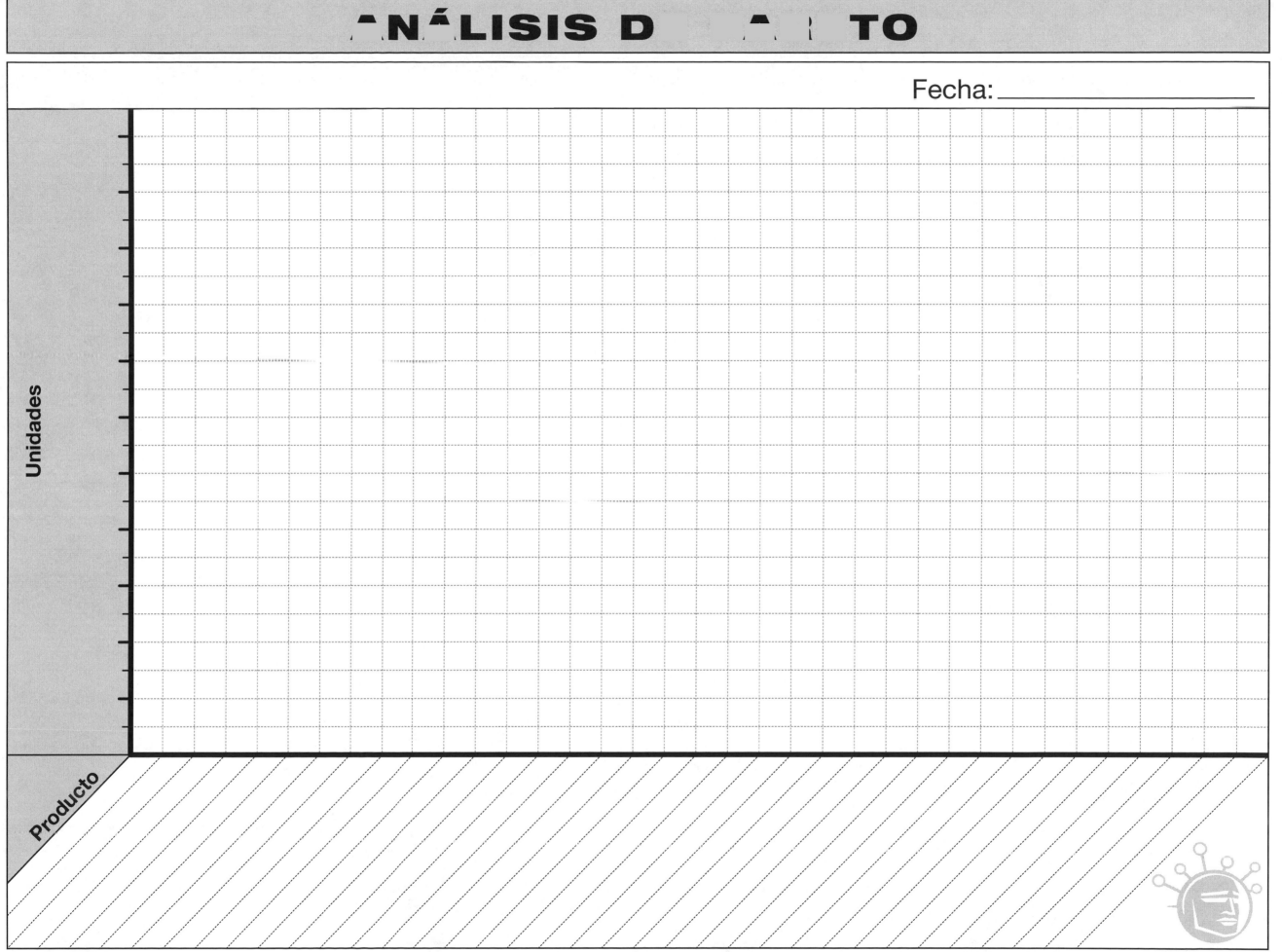

Unidades

Producto

www.enna.com
www.productivitypress.com

Fecha: _____

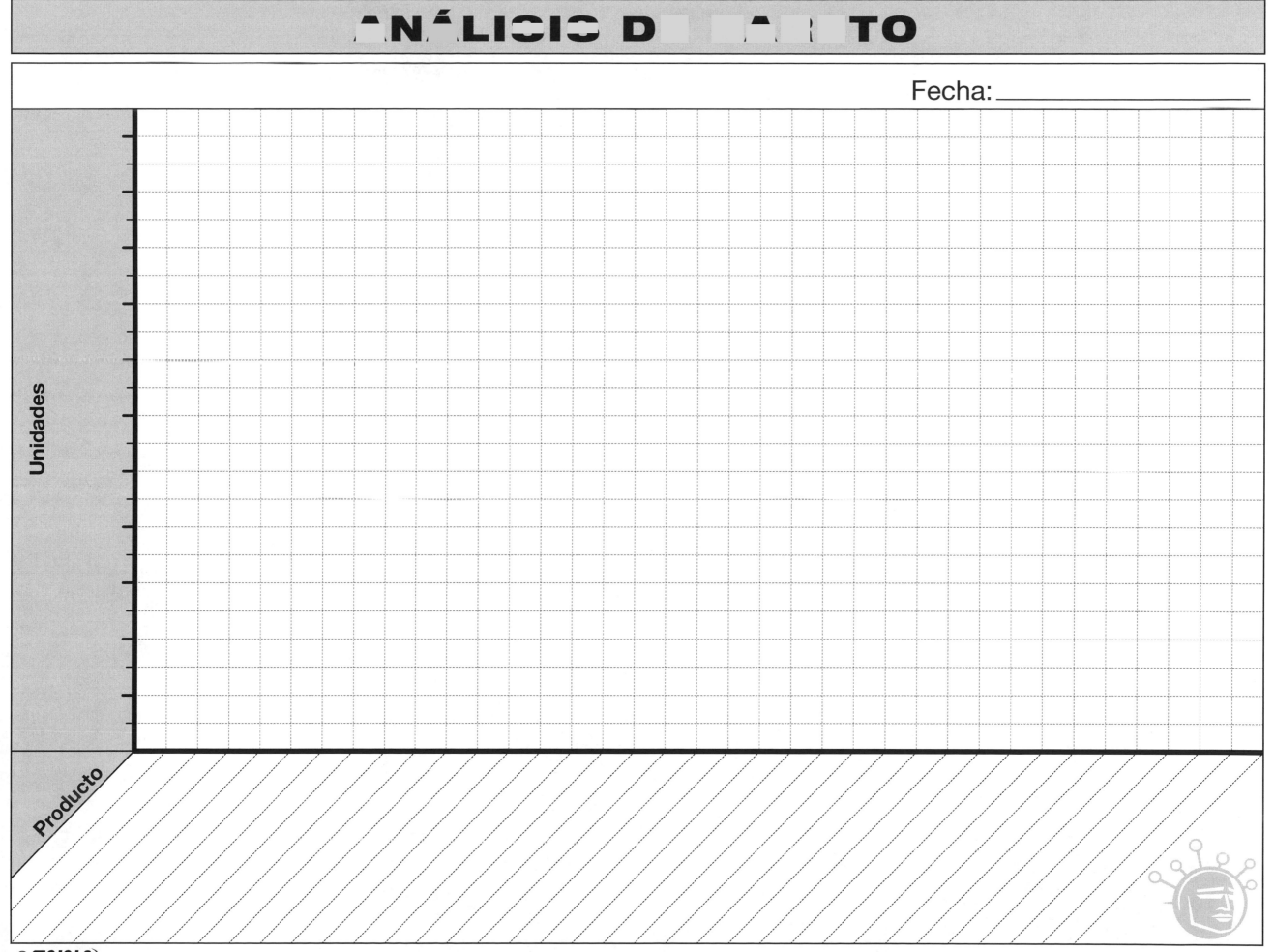

Unidades

Producto

Fecha:_____

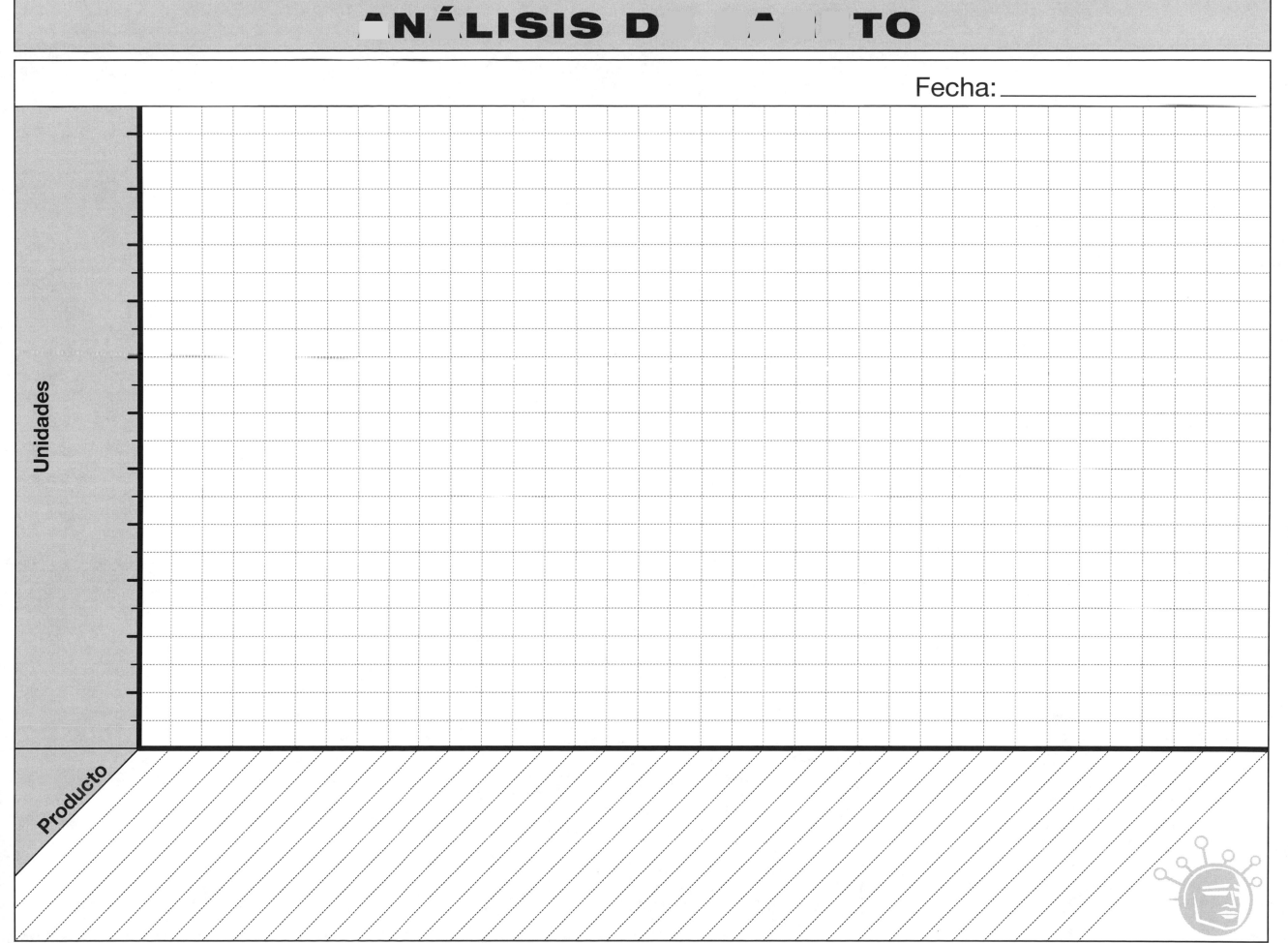

Unidades

Producto

ANÁLISIS DE PARETO

Fecha: _____

Unidades

Producto

www.enna.com
www.productivitypress.com

Fecha:_____

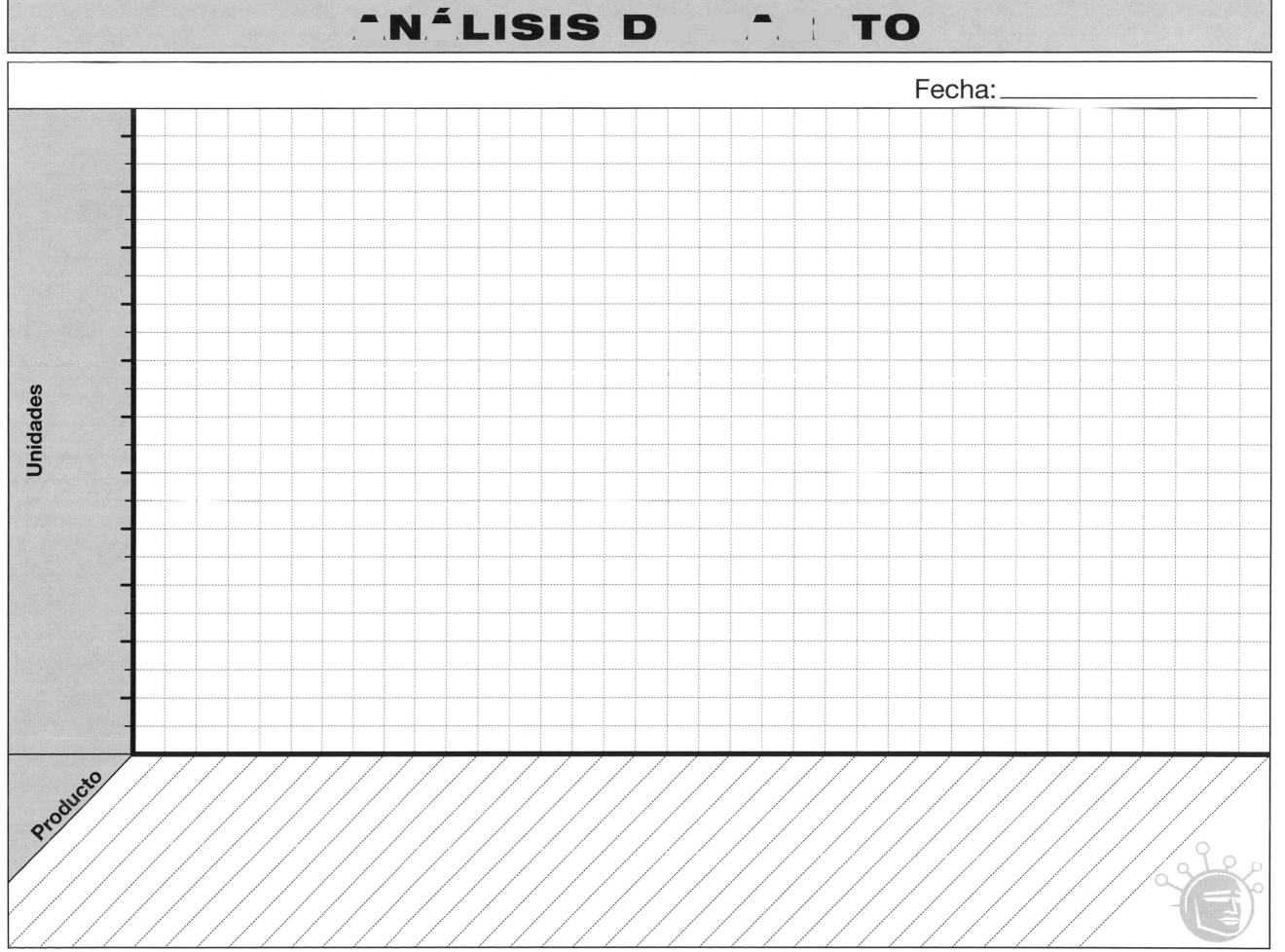

Unidades

Producto

www.enna.com
www.productivitypress.com

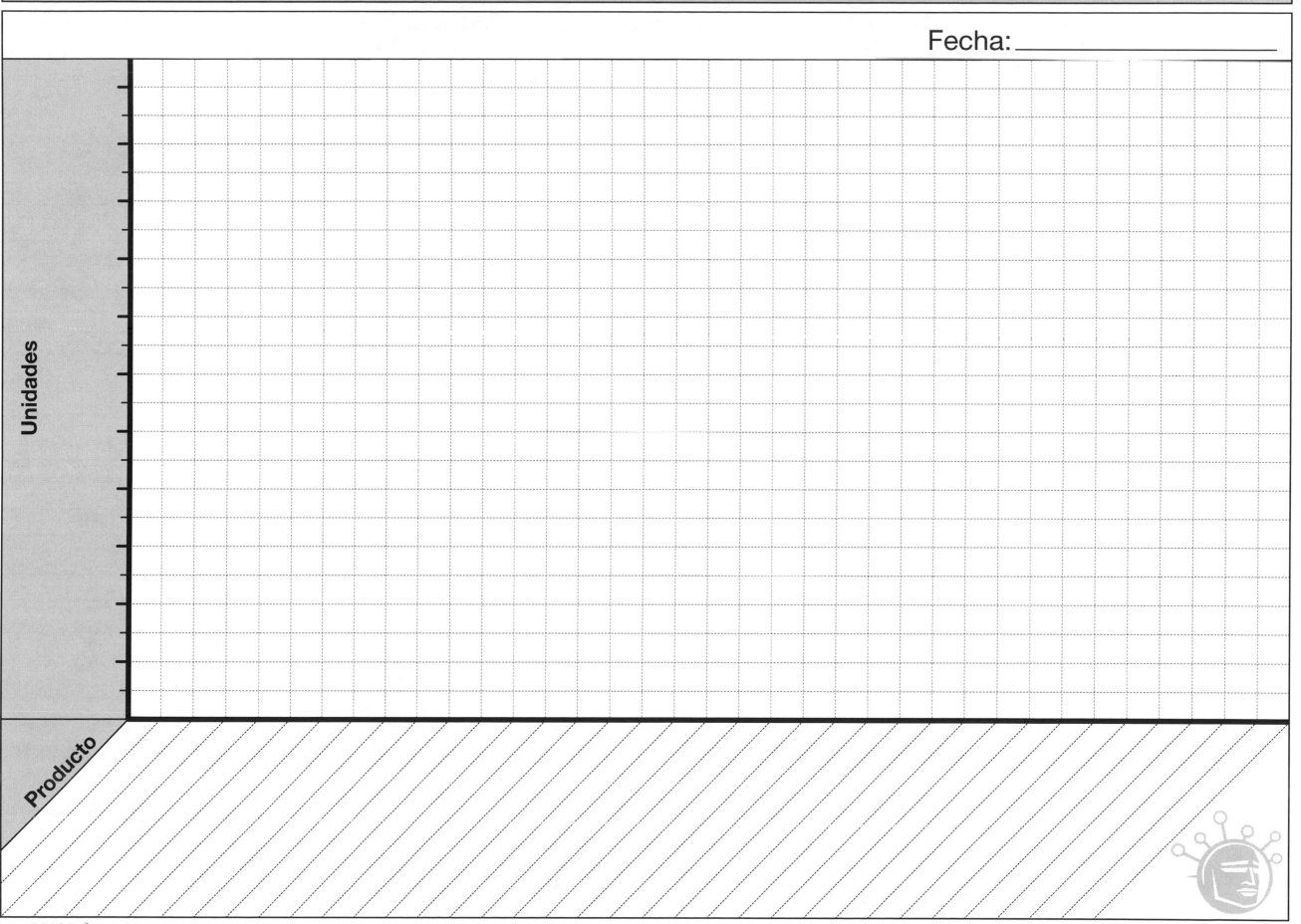

ANÁLISIS DE PARETO

Fecha: _____

Unidades

Producto

A **Productivity Press** Product

www.enna.com
www.productivitypress.com

ANÁLISIS DE PARETO

Fecha:_____

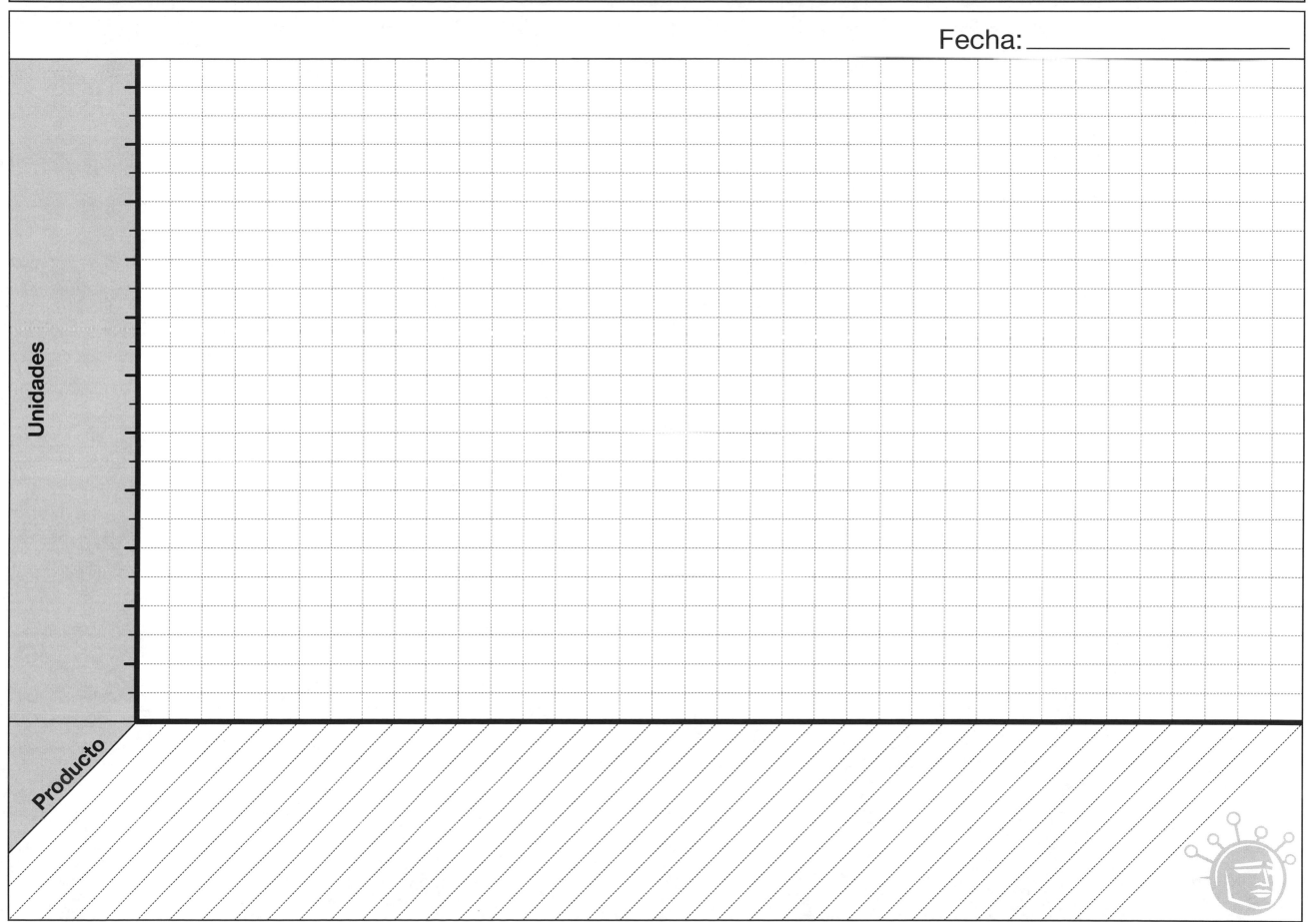

Unidades

Producto

Fecha: _____

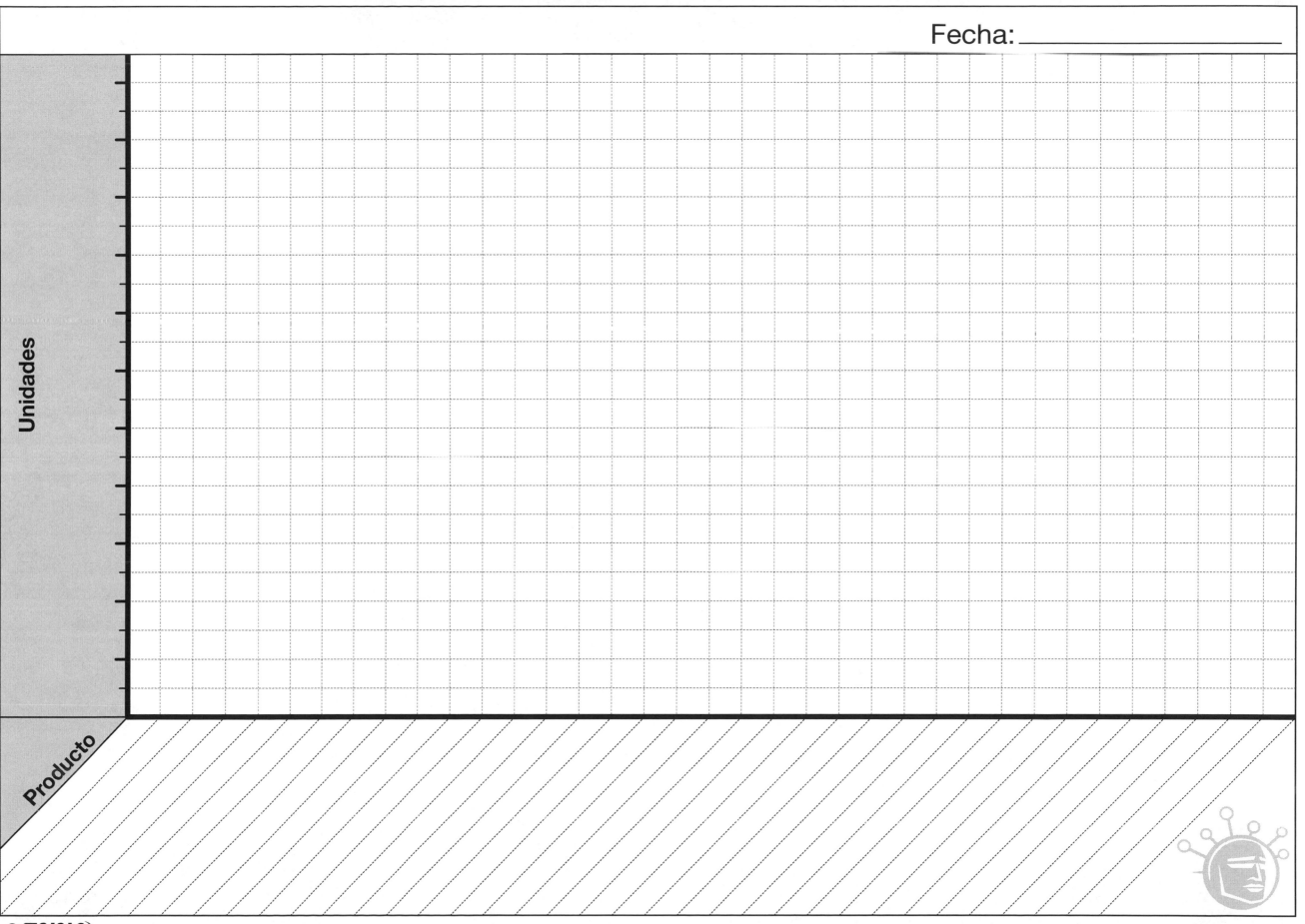

Unidades

Producto

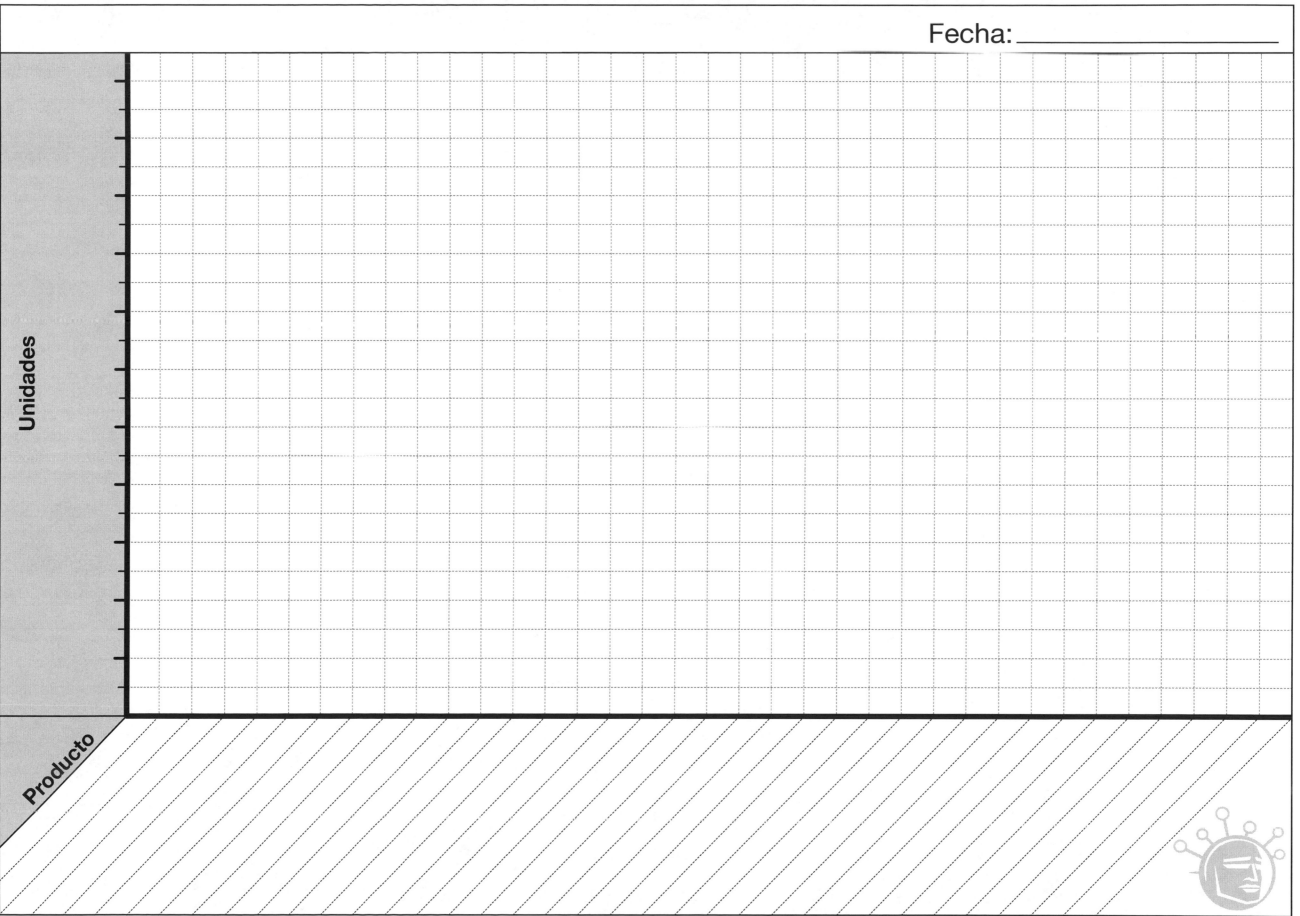

Fecha:_____

Unidades

Producto

www.enna.com
www.productivitypress.com

Fecha:_____

Unidades

Producto

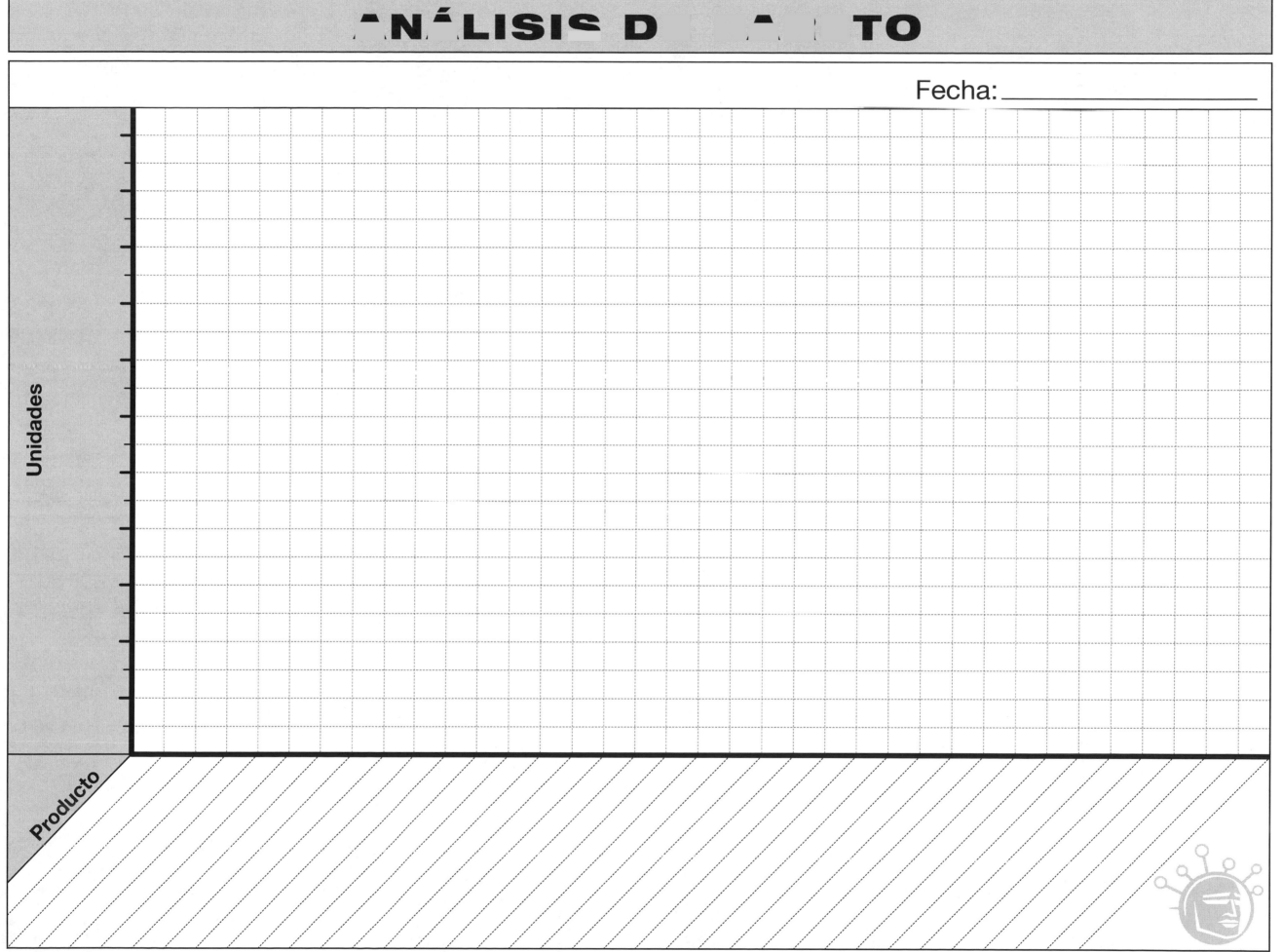

A **Productivity Press** Product

Fecha: _____

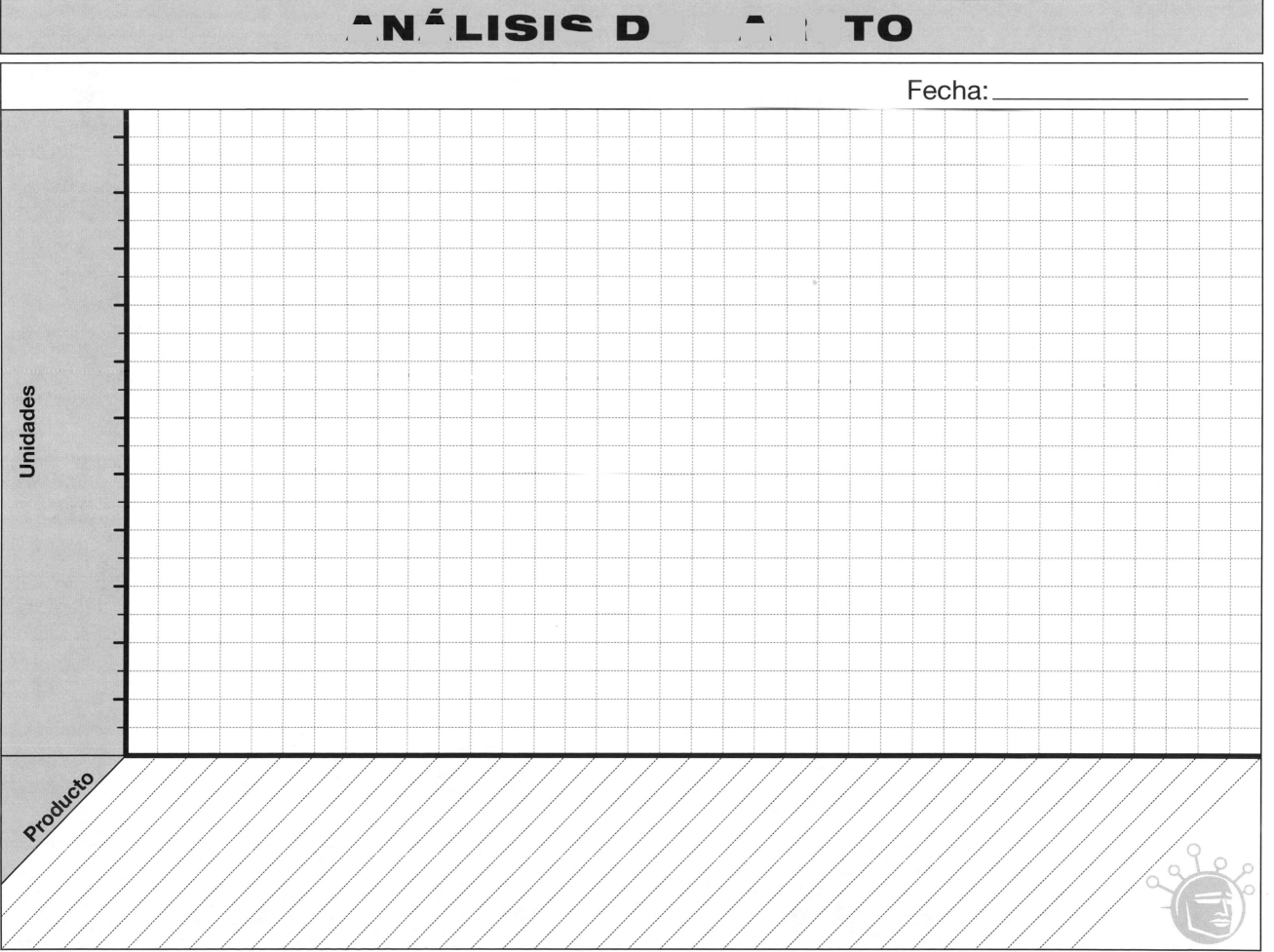

Unidades

Producto

www.enna.com
www.productivitypress.com

Fecha:_____

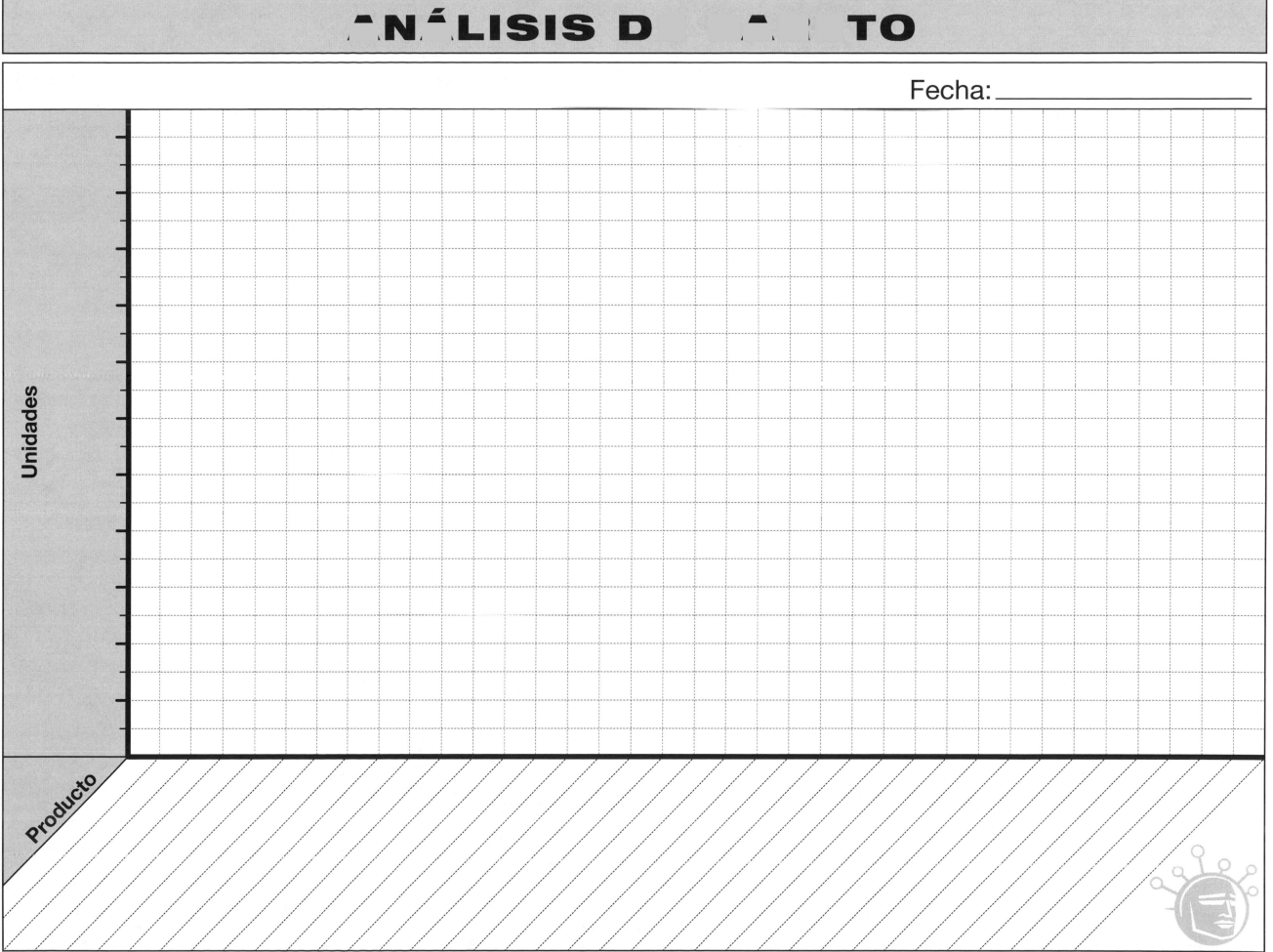

Unidades

Producto

www.enna.com
www.productivitypress.com

ANÁLISIS D█ █A██TO

Fecha:_____

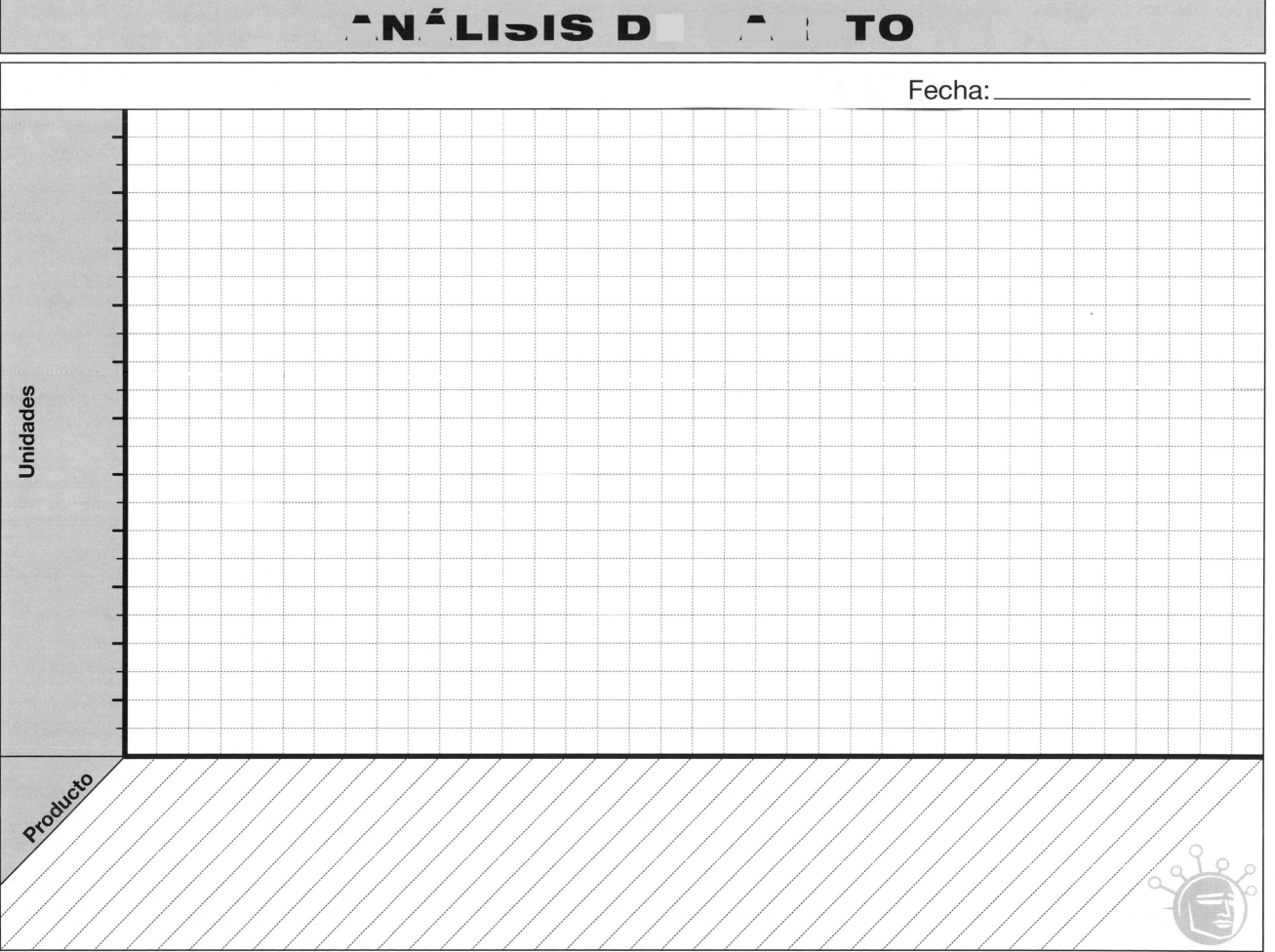

Unidades

Producto

Fecha:_____

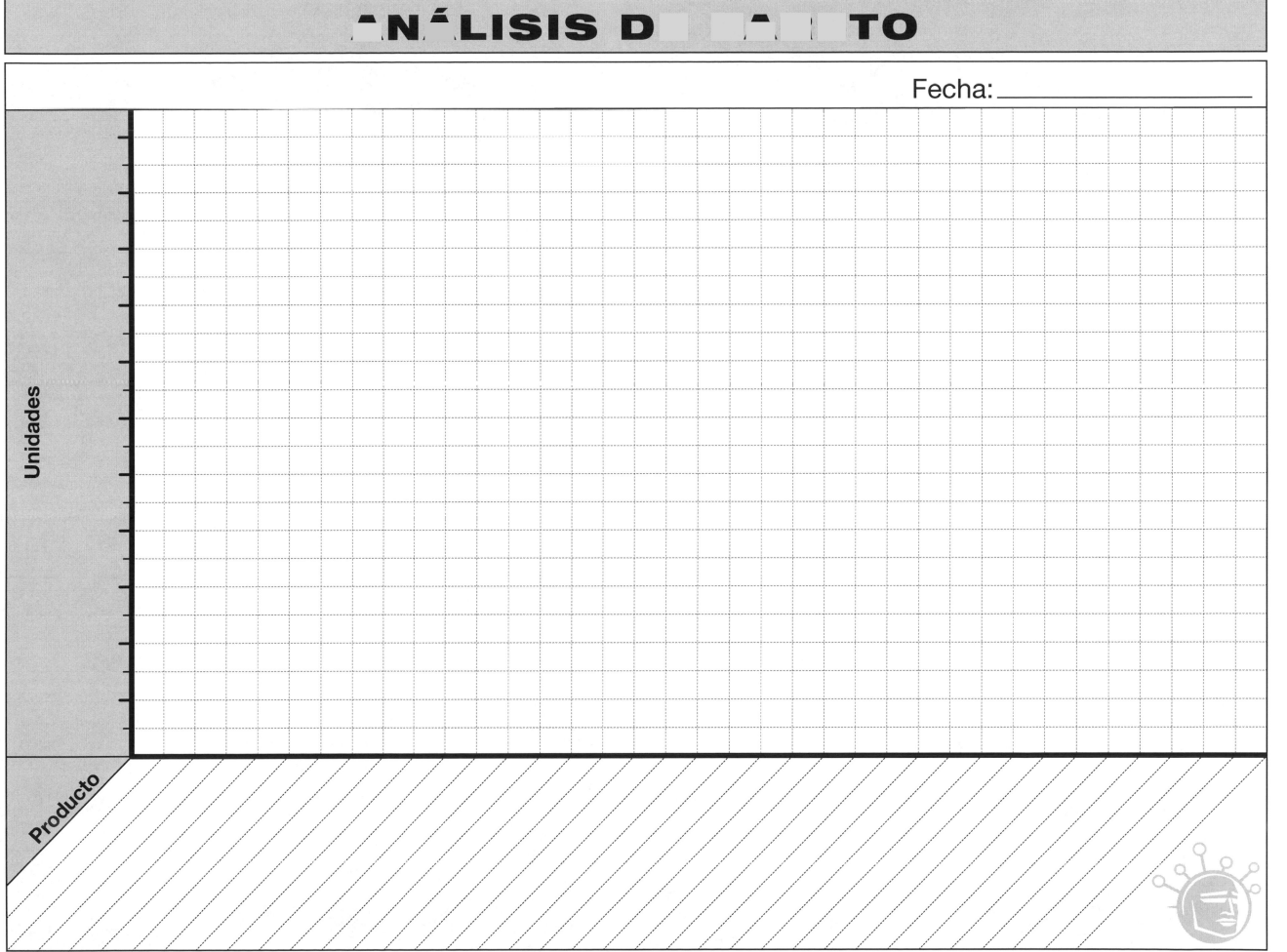

Unidades

Producto

ANÁLISIS D ar TO

Fecha:_____

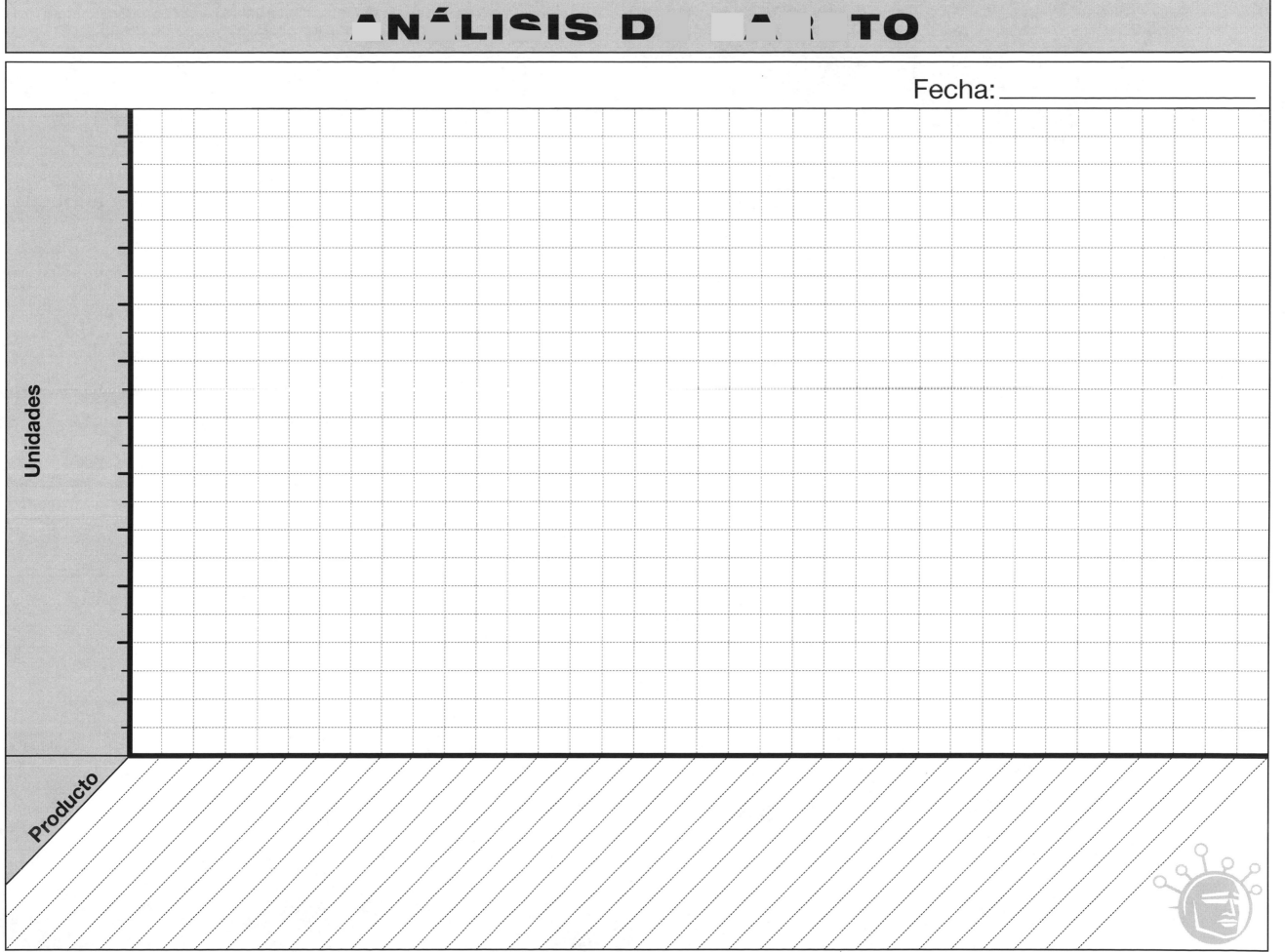

Unidades

Producto

A **Productivity Press** Product

www.enna.com
www.productivitypress.com